AF611884

Lb55 1373

FRANCE ET ITALIE

OU LE

CONGRÈS DES PEUPLES.

(ACTUALITÉ),

PAR AMED-BOUIS, (AMÉRICAIN).

Je n'ai point d'autre intérêt, dans cette cause, que celui de mon cœur. Thomas PAINE.

Malheur à la religion qui a cessé d'être d'accord avec les mœurs et les opinions du temps! Elle doit cesser d'exister par la nature même des choses.
Achille MURAT (juin 1833).

C'est qu'en effet ce bon peuple de France, bien qu'il tire respectueusement son chapeau à la religion, méprise l'hypocrisie et n'en veut pas être dupe. Il aime mieux railler que servir de risée. — Émile BARRAULT, Représent. du peuple (Lettre au pape Pie IX, 1849).

Je ne puis, toutefois, quitter ce grand et bon peuple (de France) sans exprimer ce que je pense de sa prééminence sur toutes les nations de la terre.
Thomas JEFFERSON (Adieux à la France).

Amis, si la patrie perd de vue la nuée ardente qui la guide; si un pernicieux esprit dénature les résultats de la révolution, le colosse de la majesté publique se dressera encore, et la France se reconnaîtra : elle reprendra, d'un pas plus hardi, le sacré pélerinage. Ne vit-on pas jadis la nationalité française dispersée en lambeaux par les factions? Alors votre implacable ennemie était établie au cœur du royaume; Paris même, Paris, la grande cité, était saisi de vertige. L'Angleterre avait juré l'extermination de la France; elle avait cru entendre ses cris d'agonie dans les plaines d'Azincourt; Azincourt n'était qu'une crise, et dans cette crise la France enfantait Jeanne d'Arc! AMED-BOUIS (janvier 1849).

Prix : 20 Centimes.

PARIS,

CHEZ L'AUTEUR, RUE RACINE, 23.

DÉCEMBRE. — 1849.

AVERTISSEMENT.

Avant d'entrer en matière, le lecteur me permettra de répondre à une objection qui pourrait m'être faite. — « Vous n'avez pas le droit de parler en France, » me dira-t-on, peut-être? — Je réponds d'avance : Mon aïeul paternel était italien ; il s'établit dans l'Etat du Missoury (alors la Haute-Louisiane) et épousa une Canadienne-Française. Lorsque la Haute-Louisiane (d'abord française, ensuite espagnole) redevint française (en 1801), les Canadiens, pour simplifier sans doute, *francisèrent* les noms des étrangers qui se firent naturaliser, et celui de mon aïeul, *Botze*, devint *Bouis*. Je naquis, en 1821, sur les bords du Mississippi. L'établissement que nous habitons fut fondé par le petit nombre de Français échappés au massacre du fort Rosalie, par les sauvages Natchez, et le naturaliste W. Bertram vit des vieillards (nos aïeux maternels) qui avaient été témoins de ce fatal événement... Ainsi, quoique Américain, j'ai aussi du sang français dans les veines. Je puis donc publier ma pensée en France. Il m'importe peu que les gens... *honnêtes* et *modérés* me rangent dans la catégorie de ceux qu'ils appellent la *canaille cosmopolite*. Dans ce Congrès des Peuples, le représentant de la petite république de Saint-Marin, que je fais parler, rendra à César ce qui est à César ; mais il se montrera impitoyable : il faut que, dans les Républiques, il y ait quelque danger à n'être pas honnête homme.

AMED-BOUIS.

Décembre 1849.

— Serons-nous capucins, ne le serons-nous pas? voilà, aujourd'hui, la question. Nous disions, hier : Serons-nous les maîtres du monde. P.-L. COURRIER.

— Horatio : Comment tout cela finira-t-il ? — Marcellus : Il y a quelque chose de pourri dans le royaume de Danemarck.
SHAKESPEARE (*Hamlet*).

— Quand la porte d'un cachot crie sur ses gonds, toute la société devrait l'entendre. SERVAN.

— La révolution française (de 1789) est un recueil de prophéties.
RABAUD SAINT-ÉTIENNE.

— La superstition n'est que la religion ignorante. *Idem.*

— Une révolution qui veut durer, doit, avant tout, ôter l'épée de la justice à ses ennemis. THOURET.

— Pour être un grand homme, il faut savoir profiter de toute sa fortune. LAROCHEFOUCAULT.

— Le ridicule déshonore plus que le déshonneur. *Id.*

— M. de Lamartine fait dire au président de la République : « Le ridicule, au sommet de la République, me tuerait jusque sur le fauteuil de la présidence, et jusque sous le nom de Napoléon. Le ridicule, en France, est la foudre de l'opinion (*Conseiller du peuple*).

— Avant que la haine frappe, le mépris isole et désarme.
Mme DE CASAMAJOR.

— Là où la liberté est *tout*, les inconvénients ne sont rien.
J.-J. ROUSSEAU.

— Le monde est fatigué de voir des misérables! (Godefroy CAVAIGNAC)

— Que reste-t-il pour combler les abus? — R. Les abus.
Mot de CALONNE.

— Il n'est rien qu'un gouvernement apprenne plus vite que l'art de fouiller dans les poches du peuple. Adam SMITH.

— Si la voix du peuple pouvait se faire entendre, elle dirait que tout homme, quelle que soit sa fortune ou sa naissance, doit avoir son outil de travail, son métier, son rabot enfin, et que tout homme doit être ouvrier, du bras, de la tête ou du cœur pour être citoyen.. La loi souveraine de toute société est que chacun n'y mange que le pain qu'il a gagné. Mme DE CASAMAJOR.
(*Physiologie du mariage.*)

— Un pouvoir faible est ombrageux; s'il est fort, il dort dans sa force et laisse, à la liberté, la bride sur le cou. NAPOLÉON... le Grand.

— Et je suis un faux prophète si, quelque jour, la France ne rappelle pas sévèrement le souvenir de ses souffrances à ceux qui se sont montrés les plus ardents pour sa ruine.
Thomas JEFFERSON (Lettre sur l'Avenir de la France, 1818).

FRANCE ET ITALIE

OU LE

CONGRÈS DES PEUPLES

LE PRÉSIDENT DU CONGRÈS.

La parole est au représentant de la république de Saint-Marin.

LE REPRÉSENTANT DE LA RÉPUBLIQUE DE SAINT-MARIN.

Citoyens,

Vous avez voulu que dans ce congrès des peuples, la petite république de Saint-Marin eût aussi sa place. Vous avez voulu que le représentant de six mille paysans perdus dans les gorges de l'Apennin, vînt s'asseoir à côté des envoyés de cinquante millions de Russes et de trente millions d'Autrichiens : qu'importe l'étendue devant le droit et la justice? Dans ce *raccourci d'atome*, dans cette république *microscopique* (qui ne peut opposer à des millions d'hommes que *deux* cents soldats et *quatre* canons, dont lui fit cadeau Bonaparte... le Grand), Richelieu, s'il vivait encore, trouverait un point d'appui pour soulever l'univers !... Citoyens, nous sommes réunis pour nous éclairer; représentant d'un peuple libre, je parlerai librement au nom des nations opprimées, et j'aurai pour soutiens tous les hommes qui ont une âme juste. Je réclame donc la faveur de répondre à l'honorable représentant de la France, qui vient de prouver une fois de plus, par son discours, que ce que les Français savent le moins... c'est l'histoire de leur pays. On dirait, en effet, à l'entendre, qu'ils ont oublié leur soixante ans de révolution, et qu'ils sont en pleine monarchie ! Les Français ne sont pas prêts encore à regarder la liberté comme leur plus grande affaire. Selon quelques-uns, ils allient tant d'héroïsme à tant de faiblesse, que l'on peut, dans la même page, les proposer comme modèles aux autres peuples, ou les traiter comme le dernier de tous !.. Français ! Français ! il faut voir dans la défense des grands principes autre chose qu'un passe-temps ! Pourquoi avoir fait une révolution en 1848? Vous ne pourrez donc jamais que *traverser* la liberté ? Nous avons entendu un *Te Deum* il y a quelques semaines : pourquoi ce chant de triomphe? Sommes-nous encore à cette époque où vos soldats, remplis d'enthousiasme, mouraient pour assurer à la patrie cette *épouvantable* liberté que Dieu même, dit Bossuet, a voulu respecter? Les soldats de la France ont-ils vaincu l'Autrichien encore une fois? Non, ce n'est pas l'Autrichien. — Est-ce le Russe? Un nouveau Souvarow aurait-il rencontré un Masséna au coup d'œil d'aigle? Non, ce ne sont pas les Russes qu'on a combattus : ce sont les Romains. — Et pourquoi? — Parce que, voulant être libres, ils ont secoué le joug du despotisme clérical ! Chanter un *Te Deum* pour avoir conquis une ville amie et républicaine ! O Brutus ! viens voir comment la postérité comprend ta *sublime folie* qui affranchit Rome de la tyrannie des Tarquins !... La France renonce à ses glorieuses traditions ! En 1849, elle attaque une nation brave, généreuse, dont le seul crime est d'avoir voulu se constituer en république ! Quelle dérision ! Je croyais que lors de la grande révolution, une assemblée française (une assemblée sans *peur* et sans *pitié*) avait fait enlever, du piédestal de la statue de Louis XIV, les insultantes images des nations enchaînées !... Et aujourd'hui on attente aux droits d'un peuple libre ! La France sera donc toujours comme ces phares qui éclairent au loin l'horizon, mais en tournant perpétuellement dans le même cercle? Livrée, pour un moment, aux traîtres de 1815 (ces tigres aux yeux de veau), périra-t-elle sous leurs coups? Non, la France ne périra pas!.. Où était le génie du peuple français, quand les chevaux de l'Ukraine bivouaquaient sur la place de la Révolution? Où était le génie du peuple français, quand les saturnales du mercantilisme et de l'émigration célébraient la chute commune de l'empire et de la France? Le génie du peuple était dans l'atelier du peintre républicain David, lorsqu'il répondit à Wellington, en lui montrant le tableau représentant l'armée d'Italie franchissant les Alpes la veille de Marengo : « Général, je ne peins que pour l'histoire! » Non, la France ne périra pas! qu'on ne l'oublie point : lorsque le peuple frappe, il frappe comme la foudre!... Et l'on parle d'une nouvelle Saint-Alliance? Mais, en 1793, les puissances européennes ne se coalisèrent-elles pas aussi pour étouffer la *formidable nouveauté* : la révolution? Le sang de la Pologne égorgée avait cimenté cette ligue. On sait la réponse de la république : au cri de « La patrie est en danger! » la France entière se lève! les représentants de la Montagne évoquent, des profondeurs du peuple, quatorze armées, et font rouler des *avalanches* humaines sur l'ennemi! Les pages de l'Évangile sont transformées en cartouches; les chaînes de la Bastille sont converties en armes; les cercueils des morts même, dont les Cosaques menacent de souiller le dernier asile, fournissent du plomb aux défenseurs de la patrie!.. L'Europe recule de nouveau, l'Europe entière cette fois!.. Qu'importe donc aujourd'hui, le canon, la dernière raison des rois? L'idée, qui a toujours vaincu le canon, l'idée est la dernière raison des peuples!

En février 1848, une insurrection éclata à Paris : c'était la grande révolution qui marchait : et la monarchie disparut devant le mépris du peuple, comme, en 1792, elle disparut dans ces murs où furent détenus les Templiers, avant de monter sur le bûcher allumé par la trahison royale! Et l'on parle de coups d'État, de restaurations, en France?.. Toute tentative faite dans ce but servirait la cause de la démocratie. Pour tenter un coup d'État, il faut avoir vaincu à Marengo, à Lodi, aux Pyramides; ce n'est pas avec la lance de Don Quichotte que l'on renverse un principe! Et qui donc voudrait se faire *sacrer?* Est-ce un descendant de Napoléon-le-Grand? Mais les soldats grecs qui se nommaient Alexandre, se rappelaient, dans les combats, qu'ils portaient le nom du héros macédonien... « L'héritier de Napo- « léon, c'est le peuple français qui a fait sa gloire!.. (1) » Est-ce un descendant de Henri IV qui voudrait se faire oindre de la sainte ampoule? Il n'y a plus de sainte ampoule depuis que le révolutionnaire Rühl a envoyé à la Convention, dans une chemise de volontaire, le reliquaire qui servait de réceptacle à ce monument de superstition, à ce hochet sacré des fripons et des sots! Cette huile était le Pactole du clergé; car partout la ruse, quelque grossière qu'elle soit, exploite la simplicité! Pourquoi les jongleurs tonsurés emploieraient-ils plus d'art? Il faut si peu de chose pour tromper l'esprit humain!...

Les intrigants de 1849 comptent exploiter la misère et l'ignorance. Les courtisans des princes (car toute vermine a sa vermine), les courtisans des princes leur conseillent des coups d'État; mais osera-t-on les tenter? On redoute le calme et le silence du peuple; on devine que c'est le calme et le silence des *grandes colères*: même quand il marche, on voit que l'aigle a des ailes!.. Le 13 juillet 1789, un certain Bezenval ne recommandait-il pas de *tenir bon* contre les patriotes? Cependant, le lendemain, 14 juillet, la Bastille fut prise et... détruite en quelques heures! Qu'importe donc, aujourd'hui, qu'un traîneur de sabre menace de *cra-*

(1) Cette belle pensée se lisait dans une proclamation d'ouvriers, lors de l'élection du 10 décembre 1848. Il est donc vrai que c'est le cœur qui rend éloquent? les grandes inspirations trouveront toujours de l'écho dans le peuple; c'est ce que le révolutionnaire américain, Thomas Jefferson, formula en ces termes: « Il nous suffit, pour triompher, de quelques pulsations de notre sang; nous suppléâmes, par l'*enthousiasme*, à l'argent et aux forces matérielles... Qu'importe, dans l'intervalle d'un siècle ou deux, le sacrifice de quelques vies? L'arbre de la liberté demande à être, de temps en temps, rafraîchi du sang des tyrans et des patriotes. C'est l'*amendement* qui lui est propre. » *Jefferson's Mémoirs.*

vacher l'insurrection? La république défie ses ennemis! Non, citoyen Thiers, la république ne reculera pas! vous prenez quelques nuages pour la tempête, que vous avez essayé de déchaîner contre elle? Rappelez-vous donc votre description de la bataille d'Austerlitz. Cette victoire s'annonçait sous de *fâcheux auspices;* le temps était brumeux et peu propre à favoriser l'exécution de grandes conceptions; mais « enfin le soleil parut, et dissipant les « brouillards, inonda de clarté ce vaste champ de bataille. C'était « le soleil d'Austerlitz! soleil dont le souvenir, retracé tant de « fois à la génération présente, *ne sera sans doute jamais* oublié « des générations futures (1). » Citoyen Thiers, la république aura aussi sa journée d'Austerlitz! Elle ne périra pas sous les coups des traîtres! Un jour, on arrêta un fanatique qui avait juré d'assassiner le duc de Guise; il le fait amener en sa présence, le regarde et lui délie les mains en disant avec le plus profond mépris. » Cet homme ne me tuera jamais : ce n'était pas la peine de l'ar- » rêter! » La république peut dire avec un égal dédain : « Je ne vois pas de *Prince*... qui puisse me tuer! »

Citoyens représentants, partout aujourd'hui, nous ne voyons qu'hypocrisie; l'hypocrisie est le grand mal de ce siècle. Si tous les tyrans, tous les ministres, tous les gouvernements montraient aux peuples le fond de leur pensée, ils disparaîtraient soudain; mais de douces paroles enveloppent les actes sinistres (la sainte inquisition ne faisait-elle pas des excuses aux juifs qu'elle livrait au supplice?) Des serments qui semblent inviolables précèdent et accompagnent le crime! Car ceux qui t'égorgeaient, ô république romaine, faisaient afficher sur les murs de Paris, la promesse de défendre jusqu'à la mort la constitution française attaquée, disaient-ils, par une poignée de factieux!.. Le mensonge est donc la seule arme que nos adversaires puissent employer?.. S'ils ne voilaient pas la lumière, ils tomberaient : cette fatalité est la plus sûre marque de notre triomphe prochain! Au reste, pourquoi s'indigner? pourquoi s'étonner des attaques qui pour-

(1) Thiers, *Hist. du Consulat et de l'Empire.*

suivent les amis de l'humanité? Derrière tant de calomnies, j'aperçois une main pleine d'or achetant des consciences avilies!.. Le mépris, voilà tout ce que méritent ces mercenaires défenseurs du passé... Mais il est un homme qui fut un instant l'idole et l'espoir du peuple et de la république. En février 1848, moi, représentant de la république de Saint-Marin, mêlé à la foule, j'écoutais ses chaleureuses harangues, et mon cœur était *enrôlé*, comme celui de Lafayette, dans l'armée de Washington! Les envieux de Lamartine lui jetaient alors l'épithète de «poète» comme une insulte; mais le poète savait remuer les passions et renverser un trône! Qui eût pu prédire, en mars 1848, qu'après le citoyen Lamartine, les hommes de 1815 gouverneraient la France et déchireraient le manifeste de l'éloquent orateur aux puissances de l'Europe? Qui eût pu prédire que le citoyen Lamartine lui-même en disperserait les lambeaux? Pauvre peuple! appuie-toi donc sur ces nobles ambitieux! Mais, pourquoi s'étonner de ces apostasies? La tradition ne nous apprend-elle pas, qu'autrefois, les nobles *seuls* avaient le privilége de placer des *girouettes* sur leurs châteaux!... Nous avons, un moment, espéré en Lamartine; nous avons pensé qu'à la vue de l'Allemagne enchaînée, de la Hongrie soulevée, de l'Italie éventrée, il allait saisir son manifeste et secouer la France endormie! Metternich, plus puissant que l'empereur, son maître, ne fuyait-il pas alors la justice des Viennois? La démocratie triomphait en Autriche. Le roi de Prusse, vaincu, humilié par ceux qu'il appelait dédaigneusement ses *sujets*, avait été forcé de saluer les victimes de l'insurrection, et de mendier le pardon du peuple pour le sang versé; la démocratie triomphait donc à Berlin comme à Vienne, lorsque le citoyen Lamartine plaida la cause du fourbe Frédéric-Guillaume; il trouvait un *cœur paternel* à ce bourreau!!! La réaction reprit alors courage et releva la tête: pourquoi pas? Puisque le *révolutionnaire* Lamartine ménageait les despotes!... Vienne fut bombardée et soumise; l'empereur rentra triomphant dans *sa* capitale; Robert Blum fut fusillé; le roi de Prusse revint aussi à Berlin, après avoir écrasé la démocratie! Ne fallait-il pas prouver qu'il avait un *cœur paternel* !.. M. de Lamartine l'avait déclaré !.. Dès lors le fourbe couronné pouvait tout oser. Vous avez vu, citoyens représentants, vous avez vu où a mené un brevet d'humanité donné à un roi parjure !..

Nous avions tort de compter sur M. de Lamartine; il a caché son manifeste dans les plis du vieil étendard des coalitions, et il a agité ce fantôme sous les yeux de la France; si elle veut combattre pour l'immortelle justice, sauver l'Italie, ma patrie et sa sœur latine; si elle obéit à ses instincts et à sa nature, il lui prédit sa ruine; il lui montre l'Angleterre soudoyant encore une fois l'Europe; c'est la peur qu'il encense, la peur qu'il veut rendre furieuse, la peur qu'il tâche de répandre dans tous les cœurs et de rendre maîtresse de l'univers !.. Eh bien, soit ! que l'Angleterre reforme jamais une coalition des rois contre la France; la France formera, à son tour, une coalition des peuples contre les rois; que les phalanges absolutistes s'ébranlent; que les frontières de la France soient menacées, et ce foyer de la démocratie verra, de tous les points de l'Europe, accourir des défenseurs !

Les représentants de l'Italie, de l'Allemagne et de la Pologne :

Nous le jurons !

LE REPRÉSENTANT DE LA RÉPUBLIQUE DE SAINT-MARIN.

Et ce n'est pas assez pour M. de Lamartine de chercher à étouffer l'antique courage de sa nation ! Pauvre France, ne bouge pas ! que ces Cosaques, dont les odieux attouchements violent la liberté naissante d'une race héroïque qui sauva jadis ses oppresseurs actuels (et, avec eux, l'Europe entière), que ces Cosaques, encore lointains, ne t'effraient pas ! N'écoute point ces gémissements convulsifs qui traversent les Alpes et viennent te frapper d'horreur ! Que tes yeux humides ne se tournent pas vers le Rhin ensanglanté; l'*ordre* et la *stabilité* exigent ces sacrifices ! M. de Lamartine fait encore appel à toutes les passions basses; il enrôle tous les égoïsmes sous cette noble bannière de la frayeur stupide dont il s'est déclaré le chevalier à outrance ! N'est-ce pas lui qui vient d'écrire ces lignes? « L'administration s'organise; les *lois* « *d'ordre* se font peu à peu; le pays se *prête* même à ce qu'elles « ont d'excessif; il reviendra à la liberté dans *quelques mois*..... » Dans quelques mois!!! Toute dictature, même temporaire, ne rappelle-t-elle pas l'enseigne du barbier dont parle Gil-Blas? « Aujourd'hui l'on rase pour de l'argent... et demain *gratis.* » Selon M. *de* Lamartine, la liberté est compatible avec l'état de siége et les lois draconniennes sur la presse! Pourquoi pas? Une des tours de la Bastille ne portait-elle pas le nom de : « Tour de la liberté? » Quelle moquerie!... C'est donc par l'apologie des lois de compression qu'il devrait couronner sa carrière d'homme d'État? Cette nation française, *malade* et *spasmodique* (comme il l'appelle), *croyait* en lui; mais elle s'est aperçue que ce titre de « Conseiller du Peuple » était un titre usurpé; aussi a-t-elle fait ce que M. de Lamartine appelle un coup de *raison générale*, un *coup de nation*, en décernant le titre d'*eunuques* à ceux qui avaient surpris sa religion (1).

En temps de révolution, il faut que les prétendus hommes d'État laissent voir ce qu'ils ont *dedans le jabot* (comme dit Montaigne), et les impuissants tombent de pourriture comme tombent, dans la tempête, les vieux arbres des forêts de l'Amérique! Citoyen Lamartine, vous êtes éloquent, très éloquent, mais cela ne suffit pas pour gouverner un peuple. C'est le *caractère* qui distingue les hommes; ceux qui n'ont point de caractère... sont foulés aux pieds!... Vous excusez les *lois franches* de l'ex-ministre Léon Faucher, et vous vous faites l'apologiste de ces mesures de compression qui rappellent les justices *soudaines* du roi Louis XI, de ce bon roi qui faisait enchaîner les livres!... Les Français ne peuvent oublier cela : ils vous mettront... *hors du civisme!* Au lieu de dé-

(1) Je croyais (bien d'autres le croyaient aussi) que M. *de* Lamartine était républicain : tout le monde fut trompé; quant à moi je me venge, car le rôle de *dupe* est un rôle que personne ne consent à jouer... à moins que ce ne soit pour mieux *duper* les autres. Les Américains ont *fêté* la proclamation de la République en France; peuvent-ils pardonner aux apostats? Non.

fendre les libertés que vous aviez contribué à conquérir en février, vous les avez laissé anéantir par des traîtres qui vous méprisent! Oui, ils vous méprisent, car ils n'ont jamais désespéré de vous voir abandonner la cause de la démocratie! Le vautour aussi, pensaient-ils, le vautour aussi plane dans la nue comme l'aigle... mais il redescend pour une vile carcasse!... Citoyen, vous qui aviez abrogé les lois de septembre, pour donner au peuple le *pain de la politique*, vous en approuvez le rétablissement!... Vous oubliez donc ce que dit un officier anglais au général Arnold, qui avait trahi son pays? « Les Américains rendront les « honneurs militaires à celle de vos jambes qui fut blessée à la « bataille de Saratoga; mais quant au reste de votre corps... ils « le suspendront à une potence!...» Citoyen Lamartine, la main qui signa le décret du gouvernement provisoire abrogeant les lois de septembre, sera *bénie;* mais celle qui écrivit le Conseiller du Peuple... sera maudite!...

Maintenant qu'entend M. de Lamartine par ce mot: Démagogie, dont il abuse, comme jadis Napoléon du mot Idéologue? Sait-il qu'aux yeux des partis orléaniste et légitimiste il est lui-même un démagogue, le... *citoyen* Lamartine, en un mot, dont le serment de fidélité à la République n'était qu'une *contremarque* empruntée pour entrer au spectacle? Leur tâche est de défaire son œuvre; grâce à lui, ils disent aujourd'hui qu'ils ont foudroyé l'esprit *révolutionnaire*, et que Lamartine lui-même a été tué par un effet du *choc en retour*. Les républicains voulaient l'abolition de la peine de mort; ils demandaient que ce châtiment inique, qui met l'homme à la place de Dieu, le néant à la place du repentir et de la miséricorde, fût effacé de tous les Codes: le trône et l'échafaud, pour eux, sont solidaires; M. de Lamartine s'empresse d'écrire que les républicains n'ont d'autre idéal que la guillotine! Il s'y connaît en socialisme, dit-il? Les socialistes prétendent qu'il n'en connaît pas le premier mot. Le 4 mai 1848, le gouvernement provisoire traversa la place de la Révolution en se rendant à l'Assemblée nationale. On avait inscrit les mots: « Liberté, Égalité, Fraternité » sur l'Obélisque,

Eh bien ! M. de Lamartine n'a pas plus compris cette immortelle devise de la France, que ne l'aurait comprise l'Égyptien Sésostris s'il fût ressuscité à l'instant même... En février 1848, il haranguait les républicains de Paris pour les soulever, «comme on enivre l'éléphant d'eau-de-vie pour le faire combattre et le rendre furieux (1)...» En 1849, il dit de ces mêmes républicains : « Voilà « les Cosaques, citoyens, voilà les Cosaques dont on vous parle « tant; ils ne sont pas dans les ateliers des fabricants qu'ils dé- « vasteraient !... ils sont dans ces hordes qui *hurlent* le pillage et « la guillotine au sortir des clubs !...» Comment ! les républicains sont des Cosaques? cependant ne sont-ce pas ces mêmes Cosaques que le *citoyen* Lamartine soulevait par son éloquence le 22 et le 23 février, et qu'il apaisait par son éloquence, le 24 février, après le renversement d'un trône? Des Cosaques, bon Dieu ! La révolution de 1848 (la révolution du mépris) et son libre génie ne serait donc autre chose que la terreur de 1793! On reverrait, en 1849, sur les boulevarts, cette enseigne qui devenait alternativement *tigre royal* ou *tigre national*, selon que l'on criait : Vive le roi ! ou Vive la Nation !... Quelle folie !...

Citoyens représentants, étudions cet homme d'État. Que désire-t-il? Pour obéir à ce qu'il appelle la *probité d'ambition*, il ne veut ni des royalistes, ni des jacobins... qui ne veulent pas de lui non plus. Après avoir contribué au renversement de la monarchie, il est devenu l'homme de... *l'ordre*, et combat vainement la république. Lui qui appelait de *tous ses vœux* la révolution de février au nom de la réforme, souhaite-t-il que la liberté puisse s'*amalgamer* au règne de Henri de France, dont il a *béni* le berceau, et qu'il présenterait peut-être au peuple comme la *meilleure* des républiques? On serait tenté de le croire, car lui, un *pur* amant de la liberté, si amoureux, en 1848, de

(1) Le lecteur trouvera, ici, plusieurs extraits du journal de M. de Lamartine; les républicains y sont insultés. M. Cuvillier Fleury, feuilletoniste du journal des *Débats*, a prouvé à M. de Lamartine que l'*auteur* de l'*Histoire des Girondins*, *écrivait*, peut-être, le journal le *Conseiller du peuple*.. mais qu'il ne le *lisait* pas.

ce que Lafayette appelait « la délicieuse sensation du sourire de la multitude (1), » il donne aujourd'hui la main aux hommes de Gand, dont il excuse les lois d'*ordre* faites dans le but inique de détruire, en Europe, toutes les conquêtes de février!... Pour effacer jusqu'aux dernières traces qu'a laissées le gouvernement provisoire, les décrets signés « Lamartine, » abrogeant les lois tyranniques, sont déchirés!

Les hommes d'*ordre* de l'Europe viennent de donner des garanties à la liberté; ces hommes dont les noms (selon M. de Lamartine) sont, depuis vingt ans, pour tous les partis, synonymes d'*honneur* et de *probité*, viennent d'être congédiés comme des valets par le Président de la république française. Qui ne connaît le dynastique Odilon-Barrot, la grande dupe? Qui ne connaît le *jacobin* Dufaure, ce démocrate *consciencieux* qui, sous la présidence de M. Louis Bonaparte, prit aussi facilement place à côté de M. de Falloux qu'il prenait place, sous Louis-Philippe, à côté des ministres Molé et Guizot. Il a fait tout ce qu'il a pu, depuis six mois, pour contenter le parti jésuite, mais il n'a pas réussi: Fâcheuse condition que celle d'un valet, dit Sosie; les maîtres ne sont jamais contents!!! Le *sincère* républicain Dufaure fut aussi ministre du citoyen Cavaignac, qu'il perdit dans l'opinion publique. Au 10 décembre, le peuple fit justice de l'administration rétrograde du Général; mais le républicain Dufaure, le grand ami de l'*ordre*, le très humble serviteur de la ligue orléano-bourbonnienne, retombe toujours sur le banc ministériel! Son amour pour le pouvoir rappelle ce que raconte Aristophanes d'un individu qui, pour être resté trop longtemps assis sur un banc, finit par en faire partie; Hercule ne put l'en arracher... qu'en y laissant toute la partie inférieure du corps qui y adhérait (2)!!!

(1) Thomas Jefferson disait de Lafayette: « Son faible est une *faim canine* de popularité et de gloire; mais il se rendra maître de ce penchant. »

(2) Jamais ministre ne montra plus de respect pour la loi (pour la loi

BIBLIOTHÈQUE NATIONALE R.F.

J'insiste, citoyens représentants; c'est un utile enseignement pour les peuples que de leur faire connaître ceux qui ont su capter leur confiance. Ils peuvent voir à l'œuvre les hommes sur lesquels il leur restait encore des illusions : la République s'en purge! M. de Lamartine, le grand agitateur de février 1848, déclame aujourd'hui contre ce que la réaction nomme les *machines infernales en permanence :* contre les réunions. Cependant c'est le moyen de *moraliser* le plus efficace et le plus énergique qu'il y ait; c'est du choc des idées que jaillissent la lumière et la vérité. Il est donc *nécessaire*, il est même prudent de laisser aux citoyens la faculté de s'instruire mutuellement sur la valeur des hommes et des droits. Sous la monarchie, pour obéir aux lois, il fallait que le peuple ne sût rien : sous la république, il faut qu'il sache tout!... Au moyen-âge, du temps des hommes *bardés* de fer, un enfant se tenait à poste fixe, et en guise de sentinelle dans le clocher de l'église : il était chargé d'observer ce qui se passait au loin et d'annoncer l'approche des ennemis... Aujourd'hui l'enfant est descendu de son poste d'observation, mais l'ignorance, complice du confessionnal, l'a remplacé; elle signale l'approche de tout

sur l'état de siége, surtout) que le démocrate Dufaure. Les méchants (des envieux sans doute) disent qu'il trouvait la constitution française défectueuse : infâme calomnie!!! La constitution ressemblerait donc à certain monument de Madrid? lorsqu'il fut presque achevé, l'architecte s'aperçut qu'il avait oublié l'escalier : il fallut tout démolir... pour tout recommencer!... On dit encore (il y a bien des méchants dans ce monde: je ne connais point d'endroit où il y en ait plus!), on dit encore que le citoyen Dumas, le célèbre chimiste-ministre de l'agriculture, ne tardera pas à découvrir qu'il existe un nouveau *corps* (je ne puis dire *solide*) plus ductile, plus malléable, plus *élastique*, en un mot, que tous ceux qu'il a analysés jusqu'à présent : ce corps, c'est la Constitution française... — Un maire de village, habitué, depuis trente ans, aux nouveaux serments, comme aux constitutions nouvelles, reçoit de son préfet, l'acte additionnel des Cent-Jours; il lui en accuse réception en ces termes : « Monsieur le préfet, j'ai reçu la nouvelle constitution que vous m'avez fait l'honneur de m'adresser; je l'ai aussitôt fait publier solennellement; *il en sera de même* de toutes celles qu'il vous plaira de m'envoyer par la suite. » Et l'on parle de *stabilité!!!*

esprit de progrès, qui vient combattre l'influence du clocher et ce que Saint-Simon appelait la *crasse de séminaire.*

Citoyens, en février 1848 les ennemis de la révolution ont salué la république comme les hypocrites de l'inquisition entonnaient les psaumes de David au milieu d'un auto-da-fé ! N'a-t-on pas vu des légitimistes faire la courbette devant les membres du gouvernement provisoire, et mendier des ambassades ? Leur chef, Henri de Larochejacquelein, le héros de la Vendée, ne rampait pas, lui ! En combattant vaillamment la république, il avait pour devise : « Si je recule..., tuez-moi ! » M. de Lamartine a cru à la soumission des traîtres ; mais leurs protestations seraient un beau chapitre à ajouter au livre ayant pour titre : *La mécanique de l'enthousiasme.* Ils l'ont amusé pour détourner sa vigilance, et réservaient leurs complots comme un *en cas* de guerre civile, comme une arme dernière, le poignard de *miséricorde* du moyen-âge que le traître gardait toujours, afin que, son épée brisée, il pût, en demandant grâce, assassiner son vainqueur !.. Amortir l'esprit public, endormir les défiances, réveiller les vieilles idolâtries, voilà ce qu'ils voulaient ; ils voulaient aussi voir couler le sang de la France, et ils l'ont vu ! Grâce à leurs machinations jésuitiques, s'ils pouvaient arriver à leurs fins, la fraternité, divinité nouvelle présentée par Lamartine à l'adoration de l'univers, rappellerait ces idoles mexicaines faites d'argile pétrie dans le sang humain (1) !... Le citoyen Lamartine connaissait

(1) Les événements de juin 1848, ont été diversement jugés. Nous pensons que ces fatales journées furent organisées contre la république par les gens de Coblentz, qui canonisent aujourd'hui le frère Léotade, le *forçat* du Christ. Le citoyen Flocon (discours du 23 juin 1848), prouva que l'or de l'étranger et des prétendants circulait dans Paris à cette époque... (comme toujours). Qu'on n'oublie pas que les ateliers nationaux furent organisés contre le citoyen Louis Blanc et ses amis. Dans ces ateliers, où travaillaient cent mille hommes, la réaction comptait bon nombre d'agents provocateurs, recrutés dans les infâmes bouges du dernier règne ; elle attendit le moment opportun pour les déchaîner contre les républicains, qui donnèrent dans le piége !... On sait que le système de se débarrasser des républicains par des républicains,

cependant les hommes du dernier règne ; il connaissait celui que Royer-Collard appelait : « la Fleur des drôles ; » il connaissait ce sophiste à esprit brillant qui rappelle les corps en putréfaction : ils luisent dans l'obscurité....., mais répandent au loin la peste ! M. de Lamartine connaissait les traîtres de Gand, les hommes à vieilles haines ; pourquoi n'avoir pas mis à nu les haillons de leur génie ? Il connaissait un *tel*, ce mélange de lâcheté présente et de lâcheté future ; il connaissait cet autre, qui rappelle le vil South, celui qui avait d'abord flatté Cromwell et l'avait ensuite maudit ; celui qui avait flatté puis raillé Charles II ; ce South, qui avait fini par se livrer, avec toutes ses adulations, à Guillaume III, dont il était méprisé ! Il connaissait ce troisième, ce bedeau de sacristie, disciple du docteur Shériock, l'inventeur de la doctrine commode qui accordait l'obéissance en *fait* avec les protestations en faveur du droit, et méritait ainsi la reconnaissance des deux autorités, l'une *régnante* et l'autre *bannie !* M. de Lamartine connaissait tous ces fourmis-lions qui, embusqués au fond de l'abîme, y font sans cesse retomber la France ! Eh bien ! ce sont eux qui ont fait les lois d'*ordre* qu'il a approuvées ! C'est au nom de ces lois d'*ordre* qu'on est allé imposer aux Romains la *vraie* liberté ! Naguère, M. de Lamartine s'écriait, avec toute l'indignation d'une âme généreuse :

« Honte à qui peut chanter pendant que Rome brûle,
« S'il n'a l'âme, et la lyre, et les yeux de Néron (1) !

C'est au nom des lois d'*ordre*, pourtant, qu'on est allé rétablir le pape sur son trône pontifical ! Mais on oublie donc que, lors de la grande révolution, l'armée française, après avoir chassé les Autrichiens de l'Italie, envoyait à Paris le Saint-Esprit, enfermé dans une valise ? Et ce sont les baïonnettes *voltairiennes* des sol-

a été imaginé par un agent supérieur de la police ; le gentleman s'est même vanté de pouvoir les mener à se donner des coups de bâton, à *s'assommer*, en un mot ! ! !

(1) Réponse à M. Barthélemy.

dats français que l'on emploie à la restauration d'un pape? Bien plus! on voulait dernièrement, dans je ne sais quel pays de l'Europe (je ne parle pas de la France), on voulait, dis-je, retrancher le soldat du Tout national, et nier son droit de participer par son vote à la direction des affaires de l'État!... Et pourquoi cela? Parce que l'on sait que, dans ces moments solennels où les *heures brûlent*, le soldat se souvient qu'il fait partie de « *l'armée des blouses.* » On allègue la discipline? J'en conviens; un des principaux éléments de la force d'une armée réside dans la discipline, oui, mais dans cette discipline intelligente et ferme, respectant à la fois et la dignité de l'homme et la dignité du citoyen. Lorsque la nation choisira ses mandataires, que le soldat s'arrête même sur le champ de bataille; qu'il fasse une *retraite par la pensée*, car l'ennemi à combattre est un ennemi formidable, invisible, un ennemi qui envahit son foyer et menace sans cesse ses enfants: l'ignorance! Que le soldat envoie à la patrie son libre suffrage, que je comparerai à cette poignée de sang lancée vers le ciel, et d'où naquit Marius, l'exterminateur du privilége dans Rome!...

Citoyens, en 1849 nous verrions les soldats français devenir les exécuteurs des hautes-œuvres du pape, de ce Rodin couronné et infaillible!!! Adeste, fidèles! venez, fidèles! venez vous prosterner aux pieds du vicaire de Dieu! Le Christ chassait les marchands du Temple, mais le représentant de Dieu sur la terre a béni les armes de Ferdinand de Naples, du père affectueux de ses sujets! Les lieutenants de ce roi-bourreau ont promis à leurs soldats que les femmes de Rome saccagée seraient la récompense de leur gloire! Que pensez-vous de ces restaurateurs de l'*ordre*, de ces protecteurs de la famille, de ces soutiens de la religion?...

Citoyens représentants, nous voyons à Rome le commencement de ce que Tertullien appelle « la *lessive* du genre humain. » Oui, les Romains sont en voie de ressusciter la patrie de Brutus et de faire disparaître l'idole de la papauté! les Romains chasseront encore le vassal de l'Autriche, car la papauté apparaît aujourd'hui ce qu'elle a toujours été: un néant! La question de souveraineté est posée entre Pie IX, réclamant les droits *imprescriptibles* de l'Église à gouverner les États de saint Pierre, et le peuple des États-Romains, revendiquant le droit *imprescriptible* de n'être gouverné qu'en vertu de sa volonté légalement constatée, par des autorités constituées conformément aux vœux populaires. Il n'y a point de droit contre le droit, et les Romains ont raison. Ils pensent qu'un peuple n'est pas impie parce qu'il condamne le despotisme *sacré;* ils pensent qu'un peu de haine leur est permise pour l'antique auteur de leurs maux : ce ressentiment garantit les conquêtes de la raison.

Citoyens, ce n'est pas tout d'avoir pris Rome, il faut pouvoir en sortir. Pie IX croit que Dieu « a voulu punir, par une calamité publique, les désordres de la ville éternelle et les *injures* faites à son Église. » Eh bien! Saint-Père, les Romains mettront le comble à l'iniquité : il vous chasseront encore!... Et vous, chefs *légitimes* de l'Europe, quel régime avez-vous imposé à un peuple héroïque, mais plus faible que vous? C'est celui de Louis-Philippe, du Napoléon de la paix! Et quels hommes avez-vous envoyés à Rome, grand Dieu!!! C'est d'abord M. Oudinot de Reggio. Ce *citoyen* romain, ce duc de Saint-Pancrace, revient d'Italie couvert de *crachats*... et de mépris; ce diplomate *sérieux* et de premier ordre, ce grand dignitaire de l'ordre du ***Piano***, n'a pas réussi à rétablir *l'harmonie* entre le Saint-Père et ses *sujets* bien-aimés!!! Maintenant qui paiera les frais de la guerre? Ce n'est pas nous, Italiens. Les factures du duc de Saint-Pancrace porteront sans doute : « Fournis : trente mille chapelets bénis par Antonelli; trente mille amulettes bénies par la même Eminence, et un million d'hosties, » comme jadis les factures d'un grand-maître d'artillerie (1) portaient : « Treize cent mille litres de vinaigre... pour *rafraîchir* le canon!!! » Ainsi, vainqueurs ou vaincus, les Français paient toujours leur gloire. Paul-Louis Courrier écrivait, il y a vingt-cinq ans, que, « sur ce point, le peuple français se distingue entre tous, et se pique de payer *largement* et d'entretenir *magnifiquement* ceux qui prennent soin de

(1) Le duc de la Meilleraye.

ses affaires, de quelque nation, condition, mérite ou qualité qu'ils soient; aussi n'en manquera-t-il jamais, tant il est de bonne nature!!! Peuple charmant, léger, volage, muable, variable, changeant...., mais toujours *payant*. Qui l'a dit? Bonaparte ou quelque autre: « Le peuple est fait pour *payer* (1). »

Mais que faisait donc à Rome le général Oudinot, duc de Reggio, grand dignitaire de l'*ordre* du Piano, duc de Saint-Pancrace et *citoyen* romain??? je ne sais. La Bible parle d'un homme *honnête* (et *modéré*, sans doute) qui se trouva, un jour, parmi des voleurs; il était fort embarrassé! Le duc de Saint-Pancrace ne devait guère se soucier de la compagnie des Eminences rouges, toutes très peu sociables, car tout le monde sait que, dans le *sacré* collége, il y a beaucoup de *saints*..... mais fort peu d'honnêtes gens. Alors, que pouvait faire le duc de Saint-Pancrace dans la ville éternelle? Qui le sait? Oubliant sans doute que le ridicule *tue* en France, il imitait peut-être les moines palamites; absorbés dans leurs méditations profondes sur l'essence divine, ils parvenaient (en contemplant attentivement leur *nombril*) à se procurer des extases, et à voir ces rayons de splendeur, cette lumière pure et incorruptible qui partaient du trône du Tout-Puissant.

A Rome, général en chef, diplomates, tous se sont fourvoyés. Le citoyen d'Harcourt s'est laissé jouer par l'Autriche; le pape a été conduit à Gaëte, et la camarilla l'y a fait rester malgré l'ambassadeur français. Le citoyen d'Harcourt n'a rien obtenu. Le citoyen de Rayneval a donné sa *mesure* dans la question sicilienne où il a été dupe du cabinet napolitain : c'est ce que les Chinois appellent un homme de *courte mesure!* Et le citoyen de Corcelles? voilà le type du diplomate!!! Tout le monde connaît l'anecdote suivante : Les Grecs envoyèrent un philosophe à Rome pour s'assurer si les habitants de cette ville étaient *dignes* de recevoir des lois d'Athènes, alors le centre de la civilisation. Les Romains chargèrent un muet de conférer avec l'ambassadeur; celui-ci montra un de ses doigts comme symbole de *l'unité* de l'Être suprême. Le muet comprit qu'il voulait lui cre-

(1) Paul-Louis Courier, *Pamphlets*, lettre VI.

ver un œil, et montra deux de ses doigts pour faire *entendre* qu'il lui crèverait les deux yeux. Le philosophe conclut de ce geste que (selon les Romains) il y avait en Dieu deux attributs : la justice et la volonté, et montra, à son tour, au muet, son poing fermé, pour lui faire comprendre que les Grecs accordaient un troisième attribut à Dieu : la puissance. Le muet et l'ambassadeur eurent ainsi un entretien... diplomatique... qui dura toute une journée ; ils croyaient s'entendre... mais ils ne s'entendaient pas du tout... . C'est précisément l'histoire de la mission du citoyen de Corcelles; au dire de ce diplomate hors ligne, Oudinot, le bombardeur, n'avait qu'à se présenter; Rome n'était défendue que par une poignée de *brigands*. (Les brigands *tonsurés* étaient tous à Gaëte.) Oui, les Romains appelaient Oudinot de Reggio, duc de Saint-Pancrace ; mais cet illustre Poliorcète s'aperçut que, pour entrer dans la ville éternelle, (où on l'attendait les *bras ouverts*), il fallait trente mille vaillants soldats, et un parc de siége ! (*Le muet de Rome avait montré le poing au bombardeur.*)

Citoyens représentants, on nous dit que la cupidité des orléanistes, alliée au fanatisme des légitimistes, veut étouffer un principe en Italie? On ne se rappelle donc plus la guerre d'Espagne, en 1808? Napoléon se précipita sur ce malheureux pays, et ce qu'il appelait « la révolte » fut noyé dans des flots de sang : mais ce sang des martyrs devait être fécond! L'Espagne entière se leva et courut aux armes! Ce fut un magnifique spectacle que celui de cette nation, endormie depuis des siècles, se réveillant tout à coup pour résister à Napoléon, le vainqueur de cent batailles ! Oui, le peuple espagnol prouva tout ce que peut, contre la force brutale, le sentiment du droit, et l'énergie de la volonté. Napoléon fut contraint d'évacuer la Péninsule indignée et soulevée ; il se trouvait là, en face de la grande révolution qui avait franchi les Pyrénées; elle avait sillonné l'Europe et l'Asie; c'est qu'une armée de principes pénètre là où ne peut pénétrer une armée de soldats. En 1793, les droits de l'homme, imprimés sur les produits des fabriques françaises, et traduits dans tous les dialectes de l'Orient, étaient colportés au-delà de l'Euphrate, franchissaient l'Altaï, l'Himalayah, et pénétraient jusqu'en Chine! Le cœur de la France battait donc pour le monde entier! On ne l'insultait pas alors; les rois le savent bien! La bannière des Bourbons d'Espagne parut, un moment, sur les frontières; ils voulaient imposer au peuple français leur despotisme *éclairé;* mais la Convention en fit justice. « Fais ton devoir! » dit le comité de salut public au conventionnel Cavaignac, en le dépêchant à l'armée du midi : « Il faut franchir les Pyrénées! » — « Fais ton devoir! » dit Cavaignac au général Müller, en lui transmettant les ordres du comité de salut public : « Il faut franchir les Pyrénées! » — « C'est impossible! » dit Müller. — « Le comité ne l'entend pas de cette oreille-là! » réplique Cavaignac; « il faut obéir : en avant! » .... On entonna la *Marseillaise*... et il n'y eut plus de Pyrénées!...

Peuples de l'Europe, la démocratie n'est pas vaincue! le jour du triomphe viendra! Les trois cents Spartiates succombaient aux Thermopyles, mais le génie de la Grèce attendait l'ennemi dans les plaines de Marathon! Quelle que soit l'habileté avec laquelle le sentiment de l'*ordre* ait été exploité jusqu'ici, ceux-là sont bien insensés qui rêvent la résurrection d'une époque écoulée sans retour. La démocratie française a déjà brisé des chaînes autrement puissantes que celles dont les mirmidons du jour la menacent. Si l'on demande à la France ce qu'elle a sauvé de tous ces naufrages, elle vous répondra avec Médée : « Moi! moi! « et c'est assez!... » Ce sont les vaincus de 1848 qui veulent aujourd'hui voiler la liberté! Qu'ils prennent garde! le peuple veille! Brutus ne menaça pas d'arrêter César... il l'arrêta! Rois et prétendants, vous oubliez donc que la France n'a point disparu du globe, comme le souhaitaient les *modérés* de Coblentz? Qu'on touche à la conquête de Février, le colosse imposant de la majesté publique se dressera, et à ses pieds viendront se briser les espérances criminelles du despotisme! Qui donc a écrit : « Que les peuples se soulevaient pour guérir leurs souffrances, pour revendiquer leurs droits, pour venger leur honneur? Qu'ils réclamaient toujours *impérieusement* le prix de leurs efforts, et qu'ils ne se calmaient que lorsqu'ils l'avaient obtenu (1) » ?

Le jour approche, ô gouvernements de l'Europe, où les peuples feront un encan de vos friperies. Le maillet symbolique de Couthon vous touchera, et « la loi vous frappera ; » oui, la loi vous frappera, car vous avez assassiné des nations! Vous provoquez les peuples à se faire justice? Eh bien!.. justice sera faite, mais sous des *formes acerbes*! Il y a encore de l'écho en France pour ce mot d'*honneur*, et l'avenir vous le prouvera!

Citoyens représentants, un pernicieux esprit souffle sur la France ; les monarques coalisés l'insultent comme des enfants se joueraient d'un géant malade! Mais un effort suprême la sauvera! Un orage terrible menace d'éclater! Vous, Peuples, tenez-vous prêts pour le jour suprême! Voyez les Romains; ils ont succombé comme d'autres triomphent! Les défenseurs de la ville éternelle reprendront bientôt toute la vigueur d'un peuple rajeuni par le baptême de feu et de sang! Depuis des siècles, que recevions-nous de la Rome papale? des indulgences ou des excommunications! Le génie romain semblait enseveli dans les antiques tombeaux; mais aujourd'hui, on n'ira plus admirer, dans l'Italie républicaine, des dômes, des portiques, des amphithéâtres, témoins d'une ancienne et vaine grandeur! Ils disparaîtront, ces gigantesques monuments, cimentés par les larmes des malheureux! Mais ils seront éternels ceux qu'a sanctifiés le sang des héros de 1849! Le génie de l'Italie est ressuscité! nous reverrons les beaux jours des Médicis, moins les dissensions! Que Rome le veuille, et il n'y aura plus de despotisme! Alors, Italie, libre et heureuse, tu reprendras ton rang glorieux dans la famille des peuples! Toi aussi, tu dédaigneras les trophées, et, comme la fille du grand Scipion, ...tu nous montreras tes enfants!..

Amis, Venise a succombé! Vous vous en êtes emparés, tyrans; mais elle vous repoussera toujours! Venise est comme les vins généreux de son territoire; si l'on y verse du poison, la liqueur

(1) Louis-Napoléon Bonaparte, cité par le *Progrès du Pas-de-Calais* et la *République* du 24 juin 1849. Le citoyen Louis Bonaparte a *fait du socialisme*... mais du *socialisme impérial*, comme l'a dit spirituellement le citoyen Émile Barrault, représentant du peuple

fermente, bouillonne... et le vase éclate!.. Et toi, bourreau de Naples, ne vois-tu pas que la Sicile aussi frémit dans ses chaînes? Quand le jour sera venu, son libérateur, son Fabius sortira des rangs du peuple, comme jadis le bouclier d'Achille sortit des fournaises de l'Etna! La fertile Sicile, qui fut le grenier de l'univers, ne succombera pas! La sainte cause de l'indépendance n'a pas été ensevelie sous les ruines de Palerme! Oui, le jour du triomphe viendra, et le roi-bourreau sera glacé d'épouvante! Il tombera! les éléments mêmes en tressailliront de joie, et les eaux du port de Syracuse perdront un jour entier leur amertume, comme à la chute de Denys le tyran!.. Glorieuse Hongrie, salut à toi! Tu as combattu vaillamment sur la brêche! Qu'importe le *vaste plan d'assassinat* conçu par le Russe et l'Autrichien? Tu renaîtras de tes cendres plus fière et plus grande!

Italiens, Allemands, Siciliens, gloire à vous! vous vaincrez le despotisme comme vous avez vaincu Napoléon, lorsqu'il attenta à vos droits! Il se laissa mettre dans la main le fouet insolent de Louis XIV; mais un jour, la logique de l'histoire devait le lui arracher pour l'en châtier! Il croyait avoir étouffé la liberté et détruit toute résistance : erreur fatale! la liberté ressemble au vif-argent : saisissez-le, il vous échappe et brille aux yeux de tous! O vous, qui aspirez à l'indépendance, écoutez cette comparaison tirée de la nature : une once d'or occupe un espace bien minime; mais cette même quantité d'or, battue, suffit pour couvrir un fil d'argent de *cinquante lieues*!.. Il en est de même du sentiment de la liberté; qu'on essaie de l'étouffer dans vos cœurs, ô peuples, il ne s'en propagera que mieux, et bientôt vous pourrez adopter, pour la démocratie triomphante, cette définition de la Divinité par un Ancien : « C'est un cercle dont le centre est partout, et la circonférence nulle part! (1) »

(1) Ce pamphlet est le dernier ouvrage que je publierai en français : c'est un adieu à la France. J'écris, en anglais, l'*Histoire de la Révolution de 1848*, que je publierai aux Etat-Unis.

R.F. BIBLIOTHÈQUE NATIONALE IMPRIMÉS

www.ingramcontent.com/pod-product-compliance
Ingram Content Group UK Ltd.
Pitfield, Milton Keynes, MK11 3LW, UK
UKHW020404250726
13967UKWH00005B/2471